Discover Volcanoes

Descubre Los Volcanes

by Victoria Marcos
Por Victoria Marcos

© 2014 by Victoria Marcos
Hardcover ISBN: 978-1-5324-3953-7
Paperback ISBN: 978-1-68195-887-3
eISBN: 978-1-68195-900-9
Images licensed from Fotolia.com
© 2017 Xist Publishing Bilingual First Edition
Published in the United States by Xist Publishing
www.xistpublishing.com

xist Publishing

A volcano is a mountain with a pool of melted rock below the surface of the earth.

Un volcán es una montaña con una piscina de roca fundida bajo la superficie de la tierra.

3

When pressure builds up, the top of the mountain explodes.

Gases, rock and lava shoot up through the top of the volcano into the sky.

Cuando la presión se acumula, la parte superior de la montaña estalla.

Gases, roca y lava se disparan a través de la cima del volcán hacia el cielo.

5

Molten (melted) rock is found at the center of the Earth.

When it comes out of a volcano it's called lava.

Roca fundida se encuentra en el centro de la Tierra.
Cuando sale de un volcán se llama lava.

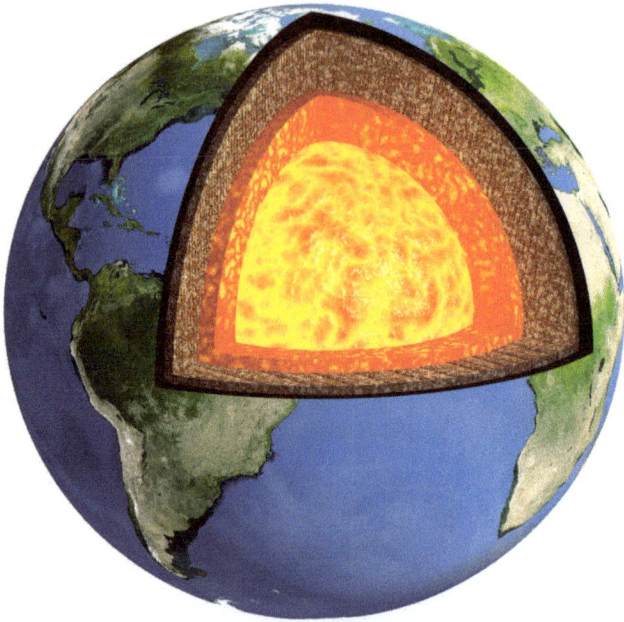

You can see how molten rock that is under the Earth shoots out from the top of the volcano.

Usted puede ver cómo la roca fundida que se encuentra bajo la tierra se dispara desde la cima del volcán.

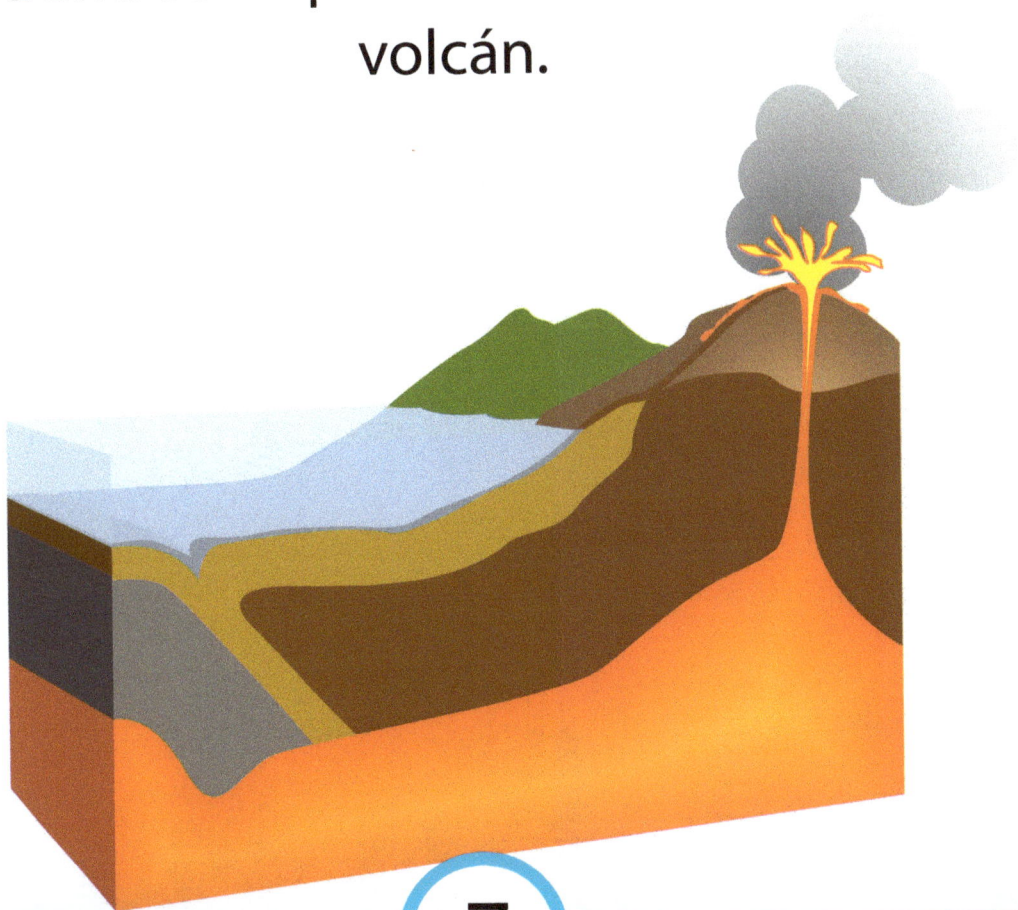

Lava can reach temperatures of up to 2,220 degrees Fahrenheit.

Lava puede alcanzar temperaturas de hasta 2.220 grados Fahrenheit.

As the volcano erupts more and more, it gets bigger and bigger.

A medida que el volcán entra en erupción cada vez más, se hace más grande y más grande.

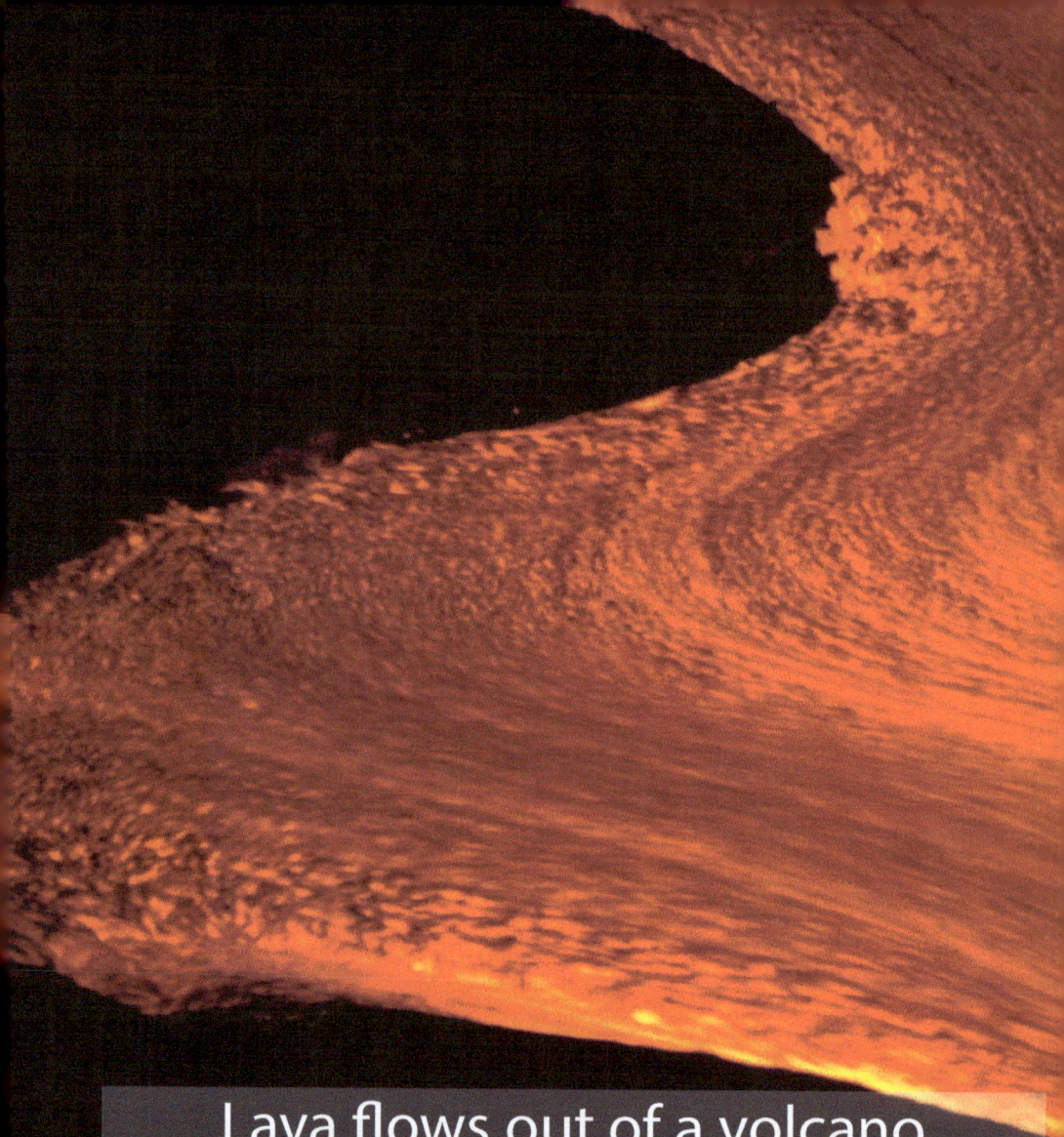

Lava flows out of a volcano
like a thick river.

La lava fluye del volcán como un
río grueso.

12

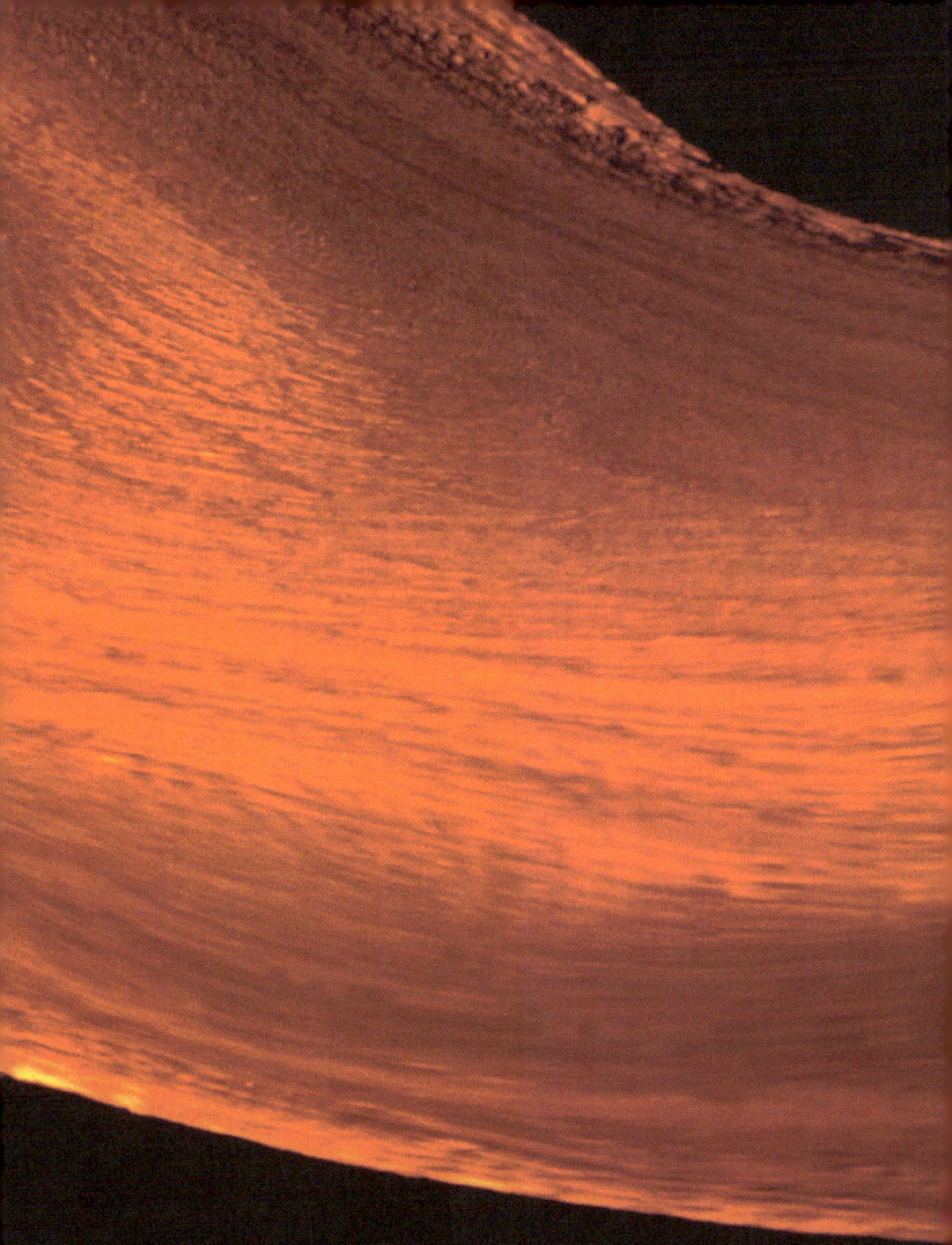

Lava moves slower as
it begins to cool.

La Lava se mueve más lenta,
cuando comienza a enfriarse.

When lava cools, it becomes a light, volcanic rock.

16

Cuando la lava se enfría, se convierte en una roca volcánica ligera.

Volcanic rock is lighter
than other rocks.

La roca volcánica es más ligera que
otras rocas.

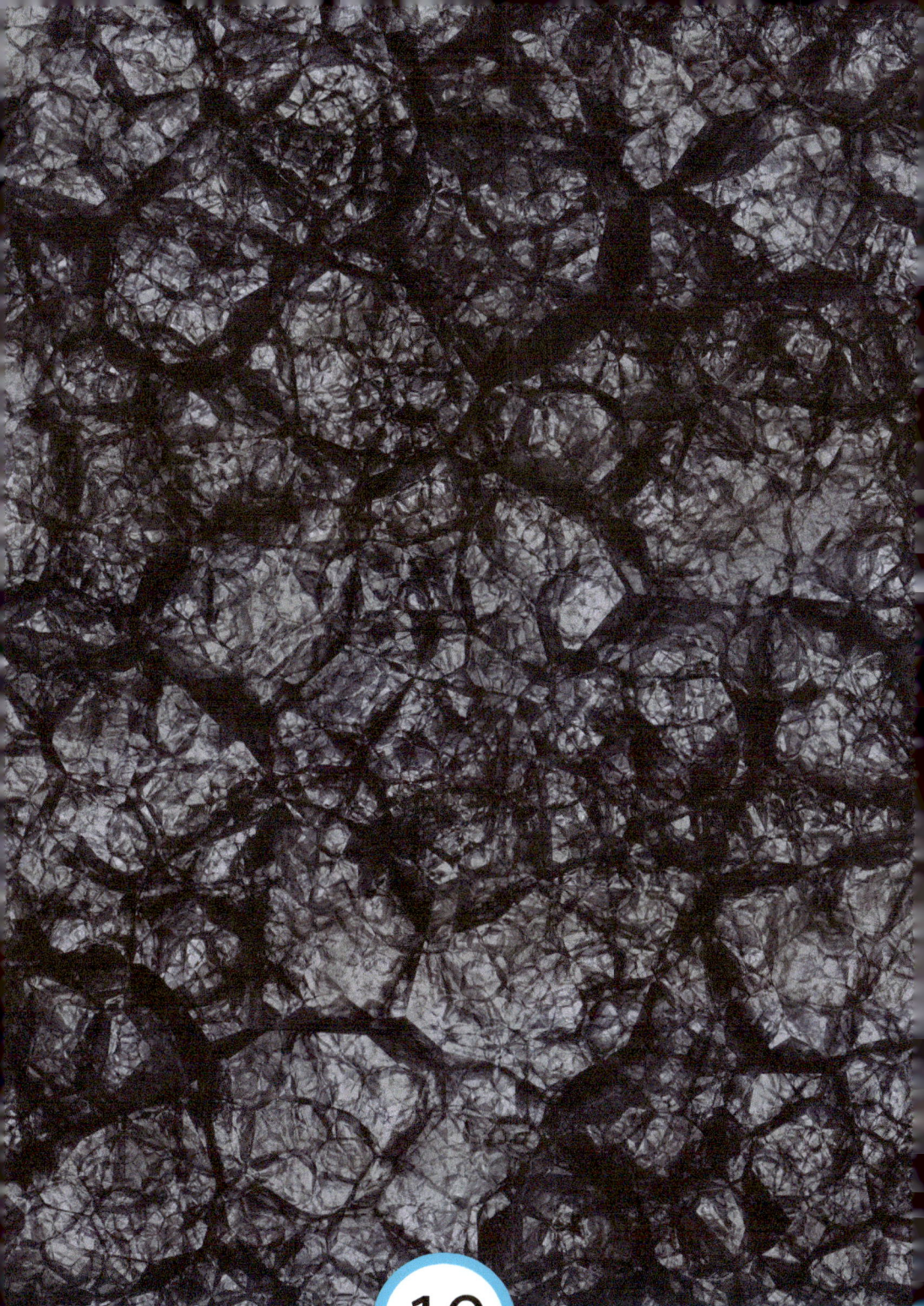

Scientists that study volcanoes are called "volcanologists."

The study of volcanoes is called "volcanology."

Los científicos que estudian los volcanes se llaman "vulcanólogos."

El estudio de los volcanes se llama "vulcanología."

Scientists wear special clothing to protect themselves from the heat of the volcano.

Los científicos usan ropa especial para protegerse del calor del volcán.

23

There are more than 1,500 active volcanoes on Earth.

Hay más de 1.500 volcanes activos en la Tierra.

More than 80 of them are
under the oceans.

Más de 80 de ellos están bajo los océanos.

Mt. Vesuvius in Pompeii, Italy is one of the most famous volcanoes in the world.

Monte Vesubio en Pompeya, Italia es uno de los volcanes más famosos del mundo.

The Irazú Volcano is high up in the mountains of Costa Rica.

El Volcán Irazú esta en lo alto de las montañas de Costa Rica.

30

31

The Yellowstone Caldera shoots out hot water high into the air.

La Caldera de Yellowstone dispara agua caliente muy alto en el aire.

34

Lava can bubble and explode for hours and sometimes days.

Lava puede burbujearse y explotar durante horas y a veces días.

35

www.ingramcontent.com/pod-product-compliance
Lightning Source LLC
Chambersburg PA
CBHW040417110426
42813CB00013B/2684